LA
MORALE DE L'ÉVANGILE

COMPARÉE

A LA MORALE DES PHILOSOPHES,

PAR

M. L. BAUTAIN,

DOCTEUR EN MÉDECINE, PROFESSEUR DE PHILOSOPHIE
A LA FACULTÉ DES LETTRES DE STRASBOURG.

A STRASBOURG,
CHEZ FÉVRIER, LIBRAIRE, RUE DES HALLEBARDES N° 23.

A PARIS,
CHEZ BRUNOT-LABBE, LIBRAIRE DE L'UNIVERSITÉ, QUAI
DES AUGUSTINS N° 33.

1827.

LA
MORALE DE L'ÉVANGILE

COMPARÉE A LA

MORALE DES PHILOSOPHES.

DISCOURS

AUQUEL LA SOCIÉTÉ ACADÉMIQUE DE LA MARNE
A DÉCERNÉ UNE MÉDAILLE D'OR,

PAR

M. L. BAUTAIN,

DOCTEUR EN MÉDECINE, PROFESSEUR DE PHILOSOPHIE A LA FACULTÉ
DES LETTRES DE STRASBOURG.

STRASBOURG,
CHEZ FÉVRIER, LIBRAIRE, RUE DES HALLEBARDES N° 23.

A STRASBOURG,
DE L'IMPRIMERIE DE Mme Ve SILBERMANN, PLACE SAINT-THOMAS N° 3.

Démontrer la supériorité de la morale de l'Évangile sur la morale des philosophes anciens et modernes.

> In hoc cognoscent omnes quia discipuli mei estis, si dilectionem habueritis ad invicem.
> Évang. Sᵗ-Joan. c. xiii, v. 35.

Une société savante et chrétienne propose de démontrer la supériorité de la morale évangélique sur la morale des philosophes anciens et modernes.

A qui devra s'adresser cette démonstration? Ce n'est point aux chrétiens fidèles qui trouvent leur conviction dans leur foi, et qui pratiquent avec amour ce qu'ils croyent avec simplicité. C'est à ceux qui ne croyent point, ou dont la croyance est faible, chrétiens ou non, qu'il faut parler. Mais le principe seul pouvant justifier rigoureusement la conséquence, si la foi en l'auteur divin de la morale évangélique leur

manque, où trouverons-nous une mesure commune pour leur prouver l'excellence de cette morale? où prendrons-nous un *criterium* qu'ils ne puissent récuser?... Dans eux-mêmes, dans l'homme, dans son besoin le plus impérieux, dans son instinct le plus profond et le plus cher, celui de son bien-être, de son bonheur, objet de ses recherches et de ses poursuites depuis le berceau jusqu'à la tombe. C'est ici, nous l'espérons, que nous pourrons nous entendre; puisque tous, croyans et incrédules, chrétiens, juifs et payens, nous sommes frères ayant la même origine et la même nature, le même besoin, la même loi, la même fin. Nous n'aurons donc qu'à développer ce qu'un célèbre publiciste a proclamé au dix-huitième siècle par ces paroles échappées de son âme: « Chose admi-
« rable! la religion chrétienne qui semble n'avoir
« d'objet que la félicité d'une autre vie, fait
« encore notre bonheur dans celle-ci. »

C'est au nom de leur bonheur, en même temps que de leur véritable dignité que nous parlerons à ceux de nos semblables en qui la lumière de la foi est faible ou qui ne l'ont point encore reçue, à ceux qui ne voyent dans la législation évangélique qu'un système humain plus ou moins habilement imaginé. Heureux si notre discours pouvait les porter à examiner sérieusement ce qu'ils ne connaissent pas; plus heureux encore, si un rayon de lumière pénétrait par notre parole jusqu'à leur âme! C'est là surtout le succès que nous ambitionnons; et c'est ainsi, nous n'en doutons pas, qu'on répondrait le mieux aux espérances de la société savante qui a proposé une telle question.

Démontrer la supériorité de la morale évangélique sur toutes les morales des philosophes, c'est prouver qu'elle répond le mieux à l'idéal de la perfection humaine, telle que nous sommes capables de la concevoir. Il faut donc poser d'abord le type ou l'idée de cet idéal, afin d'avoir une mesure pour évaluer les lois et les préceptes qui doivent conduire l'homme à sa destination. Notre mesure bien déterminée, il nous sera facile de juger, par l'examen comparé des doctrines, quelle est la plus parfaite, la plus conforme au besoin et à la dignité de l'homme.

PREMIÈRE PARTIE.

IDÉE DE LA MORALE.

✳

La morale est la loi régulatrice des mœurs humaines; et les mœurs comprennent les désirs, les pensées et les actions libres de l'homme, en tant qu'ils se rapportent au bien ou au mal. Bien et mal sont les deux extrêmes entre lesquels l'homme est placé temporairement avec sa volonté, avec son instinct moral ou sa conscience, avec sa faculté de discerner l'action et les effets de ces deux extrêmes, avec sa liberté de choisir entr'eux, de se donner à l'un ou à l'autre, et de réaliser dans sa conduite ce que sa volonté aura voulu et choisi.

C'est par la volonté surtout et par sa liberté que l'homme est ce qu'il est, vertueux ou vicieux, bon ou méchant. La volonté est le centre de notre existence, le foyer de nos facultés, la racine de notre personnalité; c'est d'elle que part notre vie tout entière, tous les rayons de notre activité, nos actes, nos actions, nos mouvemens libres : c'est à elle que vient aboutir tout ce qui agit sur nous et s'imprime en nous ; elle modifie nos sentimens les plus mystérieux : elle est le premier organe, le premier ministre de l'âme ; ou plutôt, la volonté est l'âme elle-même dans sa première manifestation.

La volonté est active de sa nature, ardente et affamée comme le feu ; et l'homme qui n'est bon ou mauvais que par suite des actes libres de sa volonté, l'homme, avec son besoin de se nourrir et d'agir et sa faculté de choisir, se trouve placé dans un monde mixte, formé de toutes les oppositions! — La vie ne se manifeste dans ce monde et ne s'y conserve qu'en luttant continuellement contre la mort : l'ordre et le désordre, la justice et l'injustice y triomphent tour à tour : le bien et le mal semblent se disputer l'homme et sa liberté. Et dans l'homme lui-même, en lui plus qu'en aucune autre existence, quelle opposition, quelle contradiction! Deux natures contraires et cependant unies par le lien mystérieux de la vie, la nature spirituelle et la nature matérielle : celle de l'âme et celle du corps : ces deux natures ayant chacune ses exigences et ses penchans, ses entraînemens et sa loi, et entre elles une volonté libre, mais soumise à des influences contraires, excitée par deux puissances opposées, sympathisant plus ou moins avec l'une et l'autre, pouvant se décider pour l'une ou l'autre, et le devant, afin de trouver un aliment à sa faim, un terme à son désir; voilà l'homme d'aujourd'hui ! Son existence sur terre est une longue maladie qui se juge lentement par des crises successives dans lesquelles la vie et la mort se le disputent; et c'est lui qui doit décider le triomphe . . . . . Soit qu'il adhère au traitement prescrit et réagisse contre le mal qui l'obsède, soit qu'il s'y abandonne et conspire avec lui contre le bien, c'est toujours la volonté qui décide du sort de l'homme par le choix qu'elle fait; et c'est dans cette alternative inévitable pour elle, c'est dans ce pouvoir de choisir entre les deux puissances qui la sollicitent, que consiste sa liberté. Le choix fait, le bien ou le mal admis, la liberté a eu son effet instantané, et l'homme subit les conséquences de son acte.

Quelles sont donc ces deux puissances contraires entre lesquelles il faut choisir? Qu'est-ce que le bien? Qu'est-ce que le mal? Questions profondes auxquelles se rattachent tous les mystères de l'homme et de l'univers! Nous ne chercherons point à les résoudre par les hautes spéculations de la métaphysique : nous nous adresserons à la conscience de l'homme, au bon sens des peuples, à l'histoire de l'humanité, pour apprendre ce qui est bien et mal pour l'humanité, pour les sociétés, pour l'homme.

En effet, depuis que les plus hautes vérités ont été annoncées aux nations, depuis que la conscience des hommes a été éclairée par la grande lumière qui a paru au milieu des temps, il n'est plus nécessaire de se livrer aux méditations profondes de la métaphysique pour apprendre ce que c'est que le bien et ce qui est mal. Nos sociétés modernes, formées sous l'influence du christianisme et tout imprégnées de son esprit, possèdent un patrimoine inaliénable de vérités sublimes sur Dieu, sur l'homme, sur l'univers. Ces vérités, qu'on pressentait à peine dans les sanctuaires payens, où on ne les communiquait que par symboles et seulement à quelques initiés, sont aujourd'hui enseignées publiquement et sans voile aux enfans et aux petits. On a dit que l'homme apprend plus de choses dans les bras de sa nourrice, qu'il n'en apprendra pendant tout le reste de sa vie. Nous pouvons dire aussi que l'enfant, né dans le sein du christianisme, reçoit plus de lumière et d'instruction véritable par l'étude de son catéchisme, qu'il n'en acquerra plus tard dans les écoles et les universités. Dès qu'il a conscience de lui-même, on lui annonce le nom sacré de Celui qui est et la loi qui émane de Lui; on lui parle du bien et du mal, de la justice et de l'injustice, de la vertu et du vice, du péché et de ses suites; et par cela seul qu'il est membre de la société chrétienne, il ne peut échapper entièrement à une discipline morale qui, l'excitant par l'instruction, l'exemple et l'espoir de la récompense à la pratique du bien et l'empêchant de se livrer au mal par la crainte et la honte, concourt au développement de sa conscience, épure son goût et dirige son discernement. C'est ainsi que l'enfant apprend de bonne heure qu'il n'est pas seulement un être physique, un animal fait pour assouvir ses appétits et fuir la douleur du corps, mais qu'il est un être spirituel, intelligent et libre, et comme tel, soumis à la loi de l'esprit en même temps qu'il est soumis par son corps à la loi de la matière. Cette loi de l'esprit lui est annoncée comme dérivant de l'Être qui est à la fois son père et son juge; son père, puisque c'est de Dieu que l'homme tient l'être et la vie; son juge, et un juge inévitable, puisqu'il connaît ses pensées les plus secrètes, puisqu'il voit le fond de son cœur.

Voilà ce que nous apprenons dès le bas âge, au moyen de la parole religieuse qui, en même temps qu'elle pose devant nous la loi écrite, nous fait reconnaître le mal par l'expérience que nous en faisons, par le sentiment de l'injustice si vif et si pénible dans celui qui en est la victime. D'où part ce précepte de morale si général et si simple, le premier que l'homme doit observer, qu'il comprend sans peine et qu'il admet sans répugnance: *Ne fais pas à ton semblable ce que tu ne veux pas qu'il te fasse?* Du sentiment de justice inné en lui. C'est en lui-même, dans ce sentiment de justice commun à tous, c'est dans son intérêt bien entendu que l'homme trouve la première règle de conduite à l'égard de son prochain. Je ne veux pas que mon semblable me nuise: je dois donc m'abstenir de lui nuire, afin de ne pas exciter sa malveillance; je veux qu'il respecte mes droits: je dois donc respecter les siens : lésion des droits d'autrui est donc un délit moral, une infraction à la loi de justice.

Mais si le sentiment de cette loi est inné à l'homme et fait sa conscience morale, qu'est-ce donc qui le rend injuste envers son semblable? D'où vient ce penchant si prononcé à dénier à autrui ce qui lui est dû, ou à le frustrer de ce qui lui appartient? De la préférence de soi-même aux autres, de l'intérêt propre, de l'amour de soi, de *l'égoïsme* en un mot! C'est l'égoïsme qui est la cause première de toute injustice, la racine de toutes les passions et de tous les vices, le mobile de tous les crimes, la source de tous les maux qui pèsent sur l'humanité. L'homme ne fait point le mal pour le mal; c'est toujours un bien qu'il espère et qu'il cherche, même par le crime. Il n'est méchant que par intérêt et toutes les passions qui l'agitent ont le *moi* pour point de départ et pour terme.

Mais dira-t-on, cet amour de soi, cet égoïsme est naturel à l'homme; il lui est instinctif et inné; l'être humain est ainsi fait; comment prétendre que la nature se contrarie et se combatte elle-même? Comment vouloir qu'elle se réforme, qu'elle résiste à sa loi?

Si l'homme n'était qu'un animal, une masse organisée, il ne se trouverait soumis, comme tous les animaux, qu'à la loi du corps. Mais il est aussi esprit; et la loi de l'esprit est contraire et résiste à celle de la chair; les deux lois, les deux natures se contrarient donc et se combattent dans l'homme même. Mais ne fût-il qu'une masse vivante, un être physique, son instinct, son égoïsme, sa nature qui lui est commune avec toutes les existences de son espèce, se trouverait encore contrariée, combattue par la nature et l'instinct de chacun de ces êtres, par toutes les masses vivantes qui co-existent avec lui. La nature, qui est la même en tous, se contrarie donc elle-même par chaque individu d'un même genre ; elle se déchire partout où elle veut posséder pour elle ; et votre argument, si plausible en apparence, s'évanouit devant la réalité.

La loi des corps est une loi d'attraction et de concentration, en vertu de laquelle chaque molécule attire ce qui lui est homogène et chaque masse tend à s'emparer de ce qui l'entoure. L'homme conçu dans le sang et la chair, revêtu de son enveloppe organique, vivant sous le poids du corps, subit aussi comme fatalement la loi de la matière et de l'animalité. Il est égoïste par instinct ; il le deviendra avec réflexion dès qu'il aura connaissance de lui-même et de ce qui l'environne, et alors il sera doublement porté à violer les droits d'autrui, tout en voulant qu'on respecte les siens ; la force et la ruse feront sa justice, l'intérêt propre sa loi. Telle est sa nature physique, et si ce penchant égoïste et tout à fait naturel n'est point réglé, bridé, subjugué ; si la loi du corps qui veut tout pour soi, n'est point dominée par la loi de l'esprit qui veut équité pour tous, l'homme restera sauvage; il deviendra brutal et féroce. Toute société et ainsi toute civilisation sera impossible, puisque chacun aura à se défendre contre tous et tous contre chacun. La vie humaine ne sera plus qu'une alternative de tyrannie et d'esclavage; l'esprit et ses nobles facultés, l'âme et ses hautes puissances resteront enfouies dans l'existence physique, comme l'étincelle est cachée dans la pierre.

C'est donc précisément parce que l'égoïsme est si naturel à l'homme dans son état présent, que la loi morale est nécessaire, impérative, obligatoire. Elle est le remède qui doit combattre et affaiblir le mal ou le vice originel dont l'humanité est rongée, et c'est par la parole de l'instruction et par l'éducation que ce remède est administré.

La cause du mal et sa nature étant reconnues, il s'agit d'appliquer le remède. C'est la loi de l'animalité, c'est le corps et ses appétits déréglés, c'est l'amour exalté de lui-même qui porte l'homme à l'injustice et au crime. C'est donc l'influence de la loi du corps qu'il faut combattre; c'est la convoitise et la concupiscence qu'il faut amortir; c'est l'exaltation du moi qu'il faut empêcher, c'est l'orgueil qu'il faut abaisser: et pour cela, il faut commencer par s'abstenir, il ne faut point faire le mal. C'est beaucoup sans doute pour l'homme naturel que de brider ses passions, de ne point nuire à son semblable, de se contenir dans les bornes de l'équité; mais ce n'est là encore qu'une vertu négative et qui ne peut fonder la société. Enfans d'un même père, membres d'une même famille, nous ne sommes pas faits seulement pour ne pas nous haïr, pour ne pas nous nuire, pour ne pas nous détruire les uns les autres; nous sommes faits pour nous aimer, pour nous secourir, pour nous servir. De même que toutes les parties d'un organisme sont pour le bien-être du tout, et le tout pour le bien-être de chaque partie; de même que chaque organe doit concourir selon son rang et son degré à la santé de tout le corps; ainsi les hommes, sortant d'une même souche, ayant une même nature, une même loi et une même fin, et se trouvant tous liés par les liens sacrés de la vie, sont solidaires les uns des autres, et ne peuvent jouir du bonheur qui leur est propre qu'en conspirant fraternellement au bonheur de tous. *Homo sum et nil humani a me alienum puto* : parole remarquable dans la bouche d'un auteur payen, et qui a été comme l'annonce de cette sublime charité prêchée aux hommes par l'évangile.

Fais pour les autres ce que tu voudrais qu'ils fissent pour toi, telle est la seconde maxime de morale que l'homme naturel peut encore comprendre et qu'il devra pratiquer dans son propre intérêt. Ici le bien commence à s'élever au-dessus du mal, ou du moins l'égoïsme mieux éclairé tient la balance pour comparer l'intérêt privé et transitoire avec l'intérêt général et plus durable. C'est encore l'amour de soi qui est donné comme motif de dévouement et de générosité : on ramène l'homme sur lui-même, pour lui apprendre par l'expérience de sa faiblesse et du besoin qu'il a d'être secouru, à secourir et à soulager son frère. Mais il y a rapprochement des hommes et tendance à l'union par le sentiment même du besoin. Les volontés ne restent plus concentrées en elles-mêmes; les hommes s'unissent pour un même but, conspirent à leur bien réciproque; et c'est alors seulement que commence la société vraiment humaine; car la famille et l'état n'ont de stabilité et de dignité qu'autant que les hommes sortent de leur égoïsme naturel et deviennent capables de maîtriser leurs désirs, d'abord pour respecter les droits d'autrui, et ensuite pour concourir positivement au maintien de la justice et au bien-être commun. Il n'y a qu'absence d'injustice à ne pas faire le mal; pour être juste, il faut faire pour son semblable ce qu'on désire pour soi-même.

L'homme est plus porté à l'injustice à mesure qu'il s'aime davantage et se préfère aux autres; il est d'autant plus méchant qu'il est plus égoïste: il revient à la justice en modérant son égoïsme, en soumettant ses désirs à la loi de l'équité, et il s'améliore à mesure qu'il s'élève au-dessus de son intérêt et qu'il est plus disposé à céder de ses droits pour aider ou soulager ses frères. Le résultat immédiat de cette limitation de l'amour de soi dans chacun, de cette direction des volontés vers le bien commun, sera une réciprocité de justice et de service, et par conséquent la paix, la bienveillance, la concorde entre tous. Eh bien! poussons la conséquence plus loin, et il faut le faire si nous voulons raisonner rigoureusement: puisque l'homme devient meilleur et plus heureux à mesure qu'il est plus désintéressé, puisque c'est l'absence ou la présence de l'égoïsme qui anoblit ou vicie ses actions, ne devons-nous pas conclure qu'elles seraient excellentes et parfaites, si elles étaient complètement purgées d'intérêt propre, et que l'homme juste et équitable quand il aime son prochain comme lui-même, deviendrait bon, magnanime, sublime en l'aimant plus que lui, c'est à dire, en dévouant sa personne, ses biens, son temps, sa vie au service et au bonheur de ses frères?.... Celui-là seul aime parfaitement qui est prêt à donner sa vie pour ce qu'il aime. Et cette vérité que le raisonnement vient de nous démontrer, est confirmée par l'admiration et le respect des siècles. Partout et toujours ceux qui se sont dévoués pour le bien commun, pour la cause de la vérité, pour le bonheur ou le soulagement de leurs semblables, ont été regardés comme les héros de l'humanité. Les payens leur dressaient des statues et même des autels : tant ils étaient convaincus que l'homme se rapproche de la divinité par la bienfaisance et le dévouement!

Si c'est l'abnégation du *moi*, l'oubli de soi-même et de son intérêt privé qui font la perfection morale de l'individu en même temps que son bonheur, ils doivent faire aussi le bonheur et la perfection des peuples et de l'humanité.

Ce sont les passions, filles de l'égoïsme, qui excitent les troubles et les orages politiques, qui amènent les maladies et les révolutions dans le corps social ; ce sont elles qui arment les hommes les uns contre les autres et leur font trouver de la joie à se nuire, à s'opprimer, à se détruire. Otez la cause et les effets disparaissent...

Supposez une société, où chaque personne, s'oubliant elle-même, ne s'occuperait suivant son rang que du bien-être et de la prospérité générale; n'est-il pas évident que chaque membre de cette association serait l'objet des soins de tous les autres, que chacun serait fort de la force de tous, éclairé par les lumières de tous, honoré de la gloire de tous, riche du bien commun, heureux du bonheur public? N'est-ce pas un faible reflet de cet amour généreux qui élève et consolide la famille, qui lui donne stabilité, considération, dignité? Et ce patriotisme si vanté des temps anciens, n'était-il pas fondé sur le dévouement à l'intérêt public, sur le sacrifice volontaire du citoyen à la patrie? Partout où vous trouverez de grandes vertus, vous trouverez de grands sacrifices : vertu et dévouement sont même chose, et l'homme est si bien sur la terre pour se dévouer, que les plus égoïstes eux-mêmes ne peuvent refuser leur hommage au désintéressement.

En résumé : la morale, règle de la vie humaine, tire son origine de l'état actuel de l'homme, c'est à dire, de l'union de sa nature spirituelle et immortelle avec son corps. Placé par suite de cette union entre deux extrêmes, le bien et le mal, soumis temporairement à deux lois opposées, à la loi de l'amour et du dévouement et à celle de la concupiscence et de l'égoïsme, l'homme doit choisir; il doit obéir de préférence et librement à l'une ou à l'autre. L'égoïsme, loi du corps et de l'animalité, fait le mal de l'individu et le malheur des sociétés: le dévouement, l'amour généreux, loi de l'esprit, en fait le bien, la durée, la félicité: le but de toute morale théorique, dogmatique et pratique est donc de retirer l'homme de l'égoïsme, de l'amour de lui-même pour le porter au dévouement, à la charité. La morale la plus excellente sera donc celle qui découlant d'une science profonde de l'homme et de tout l'homme, de la science de son origine, de sa double nature et de sa destination, lui présentera les motifs les plus impérieux, les vues les plus vastes et les plus profondes pour le porter à renoncer successivement à tout ce qui est étranger, contraire à sa vraie nature, à son être immortel, et qui parlera le mieux à son âme pour la toucher, l'émouvoir, allumer en elle le feu sacré de l'amour du bien, dont l'effet est le dévouement. C'est à ces deux caractères que nous reconnaîtrons la morale par excellence. Car il ne s'agit pas de transiger avec l'amour du moi; il ne suffit pas de restreindre l'égoïsme, racine âpre et féconde du mal: il faut mettre la cognée à cette racine funeste ; il faut l'arracher, l'extirper. Il ne suffit point de la justice rigoureuse: il faut ouvrir un large cours à la charité, afin qu'elle puisse couler avec abondance du cœur de l'homme, se développer dans sa plénitude et féconder de la vie dont elle est imprégnée la terre qu'elle traverse. S'il n'y a de bien que par l'amour, il n'y aura de bien parfait que là où il y aura amour sans limites ; et c'est alors seulement, quand l'homme saura aimer sans intérêt, qu'il sera vraiment l'image de Dieu et qu'il sera parfait comme son père céleste est parfait.

Telle est, ce nous semble, l'idée de la morale par excellence. Nous ne l'avons point inventée ; nous l'avons trouvée dans la conscience de l'homme, dans le besoin des peuples et de l'humanité. La réalisation de cette idée est-elle possible ? Une telle morale a-t-elle jamais été enseignée aux hommes ? C'est l'histoire des doctrines qui nous l'apprendra ; et s'il ne s'en trouvait aucune qui répondît complètement à cette idée, encore devrions-nous reconnaître et proclamer comme la plus excellente celle qui s'en éloignerait le moins.

SECONDE PARTIE.

DE LA MORALE
DES PHILOSOPHES ANCIENS ET MODERNES.

✱

Il n'est rien de si absurde, dit Cicéron, qui n'ait été enseigné par des philosophes. Cette parole sévère s'applique surtout aux moralistes : car, dans tous les temps, ils ont avancé et soutenu les opinions les plus contradictoires sur le bien et le mal, et ont proposé à la pratique les préceptes les plus opposés. Les mots *bien* et *mal*, *vertu* et *vice* ont été pris indifféremment l'un pour l'autre, et il n'y a guères de crime ou d'erreur qui ne puisse trouver son apologie dans une doctrine philosophique. Aussi, et nous ne craignons pas de l'affirmer l'histoire à la main, si la destinée et le perfectionnement de l'humanité avaient dépendu des opinions philosophiques, si les hommes n'avaient eu d'autre lumière pour se conduire sur la terre que celle de leur raison propre, ils en seraient encore à connaître ce qu'ils sont et doivent être, ils ignoreraient encore leur nature, leur loi et leur fin. Perdus dans le labyrinthe de leurs propres pensées, errant et tâtonnant comme des aveugles, ils n'auraient jamais trouvé le fil pour en sortir et ils seraient réduits à s'en remettre pour leur salut au hazard, à la fatalité, au destin.

D'où vient cependant cette diversité et cette opposition de doctrines sur ce qu'il nous importe le plus de savoir, le but de notre existence et le moyen le plus sûr de l'atteindre? Tous les hommes n'ont-ils pas la même origine, la même nature, les mêmes besoins, la même loi? Et si la morale n'est que l'expression et l'application de cette loi, pourquoi n'est-elle pas une et uniforme comme la loi elle-même? Pourquoi tant de versions défectueuses ou à contre sens, tant de commentaires opposés d'un seul et même texte? C'est que les commentateurs n'ont point compris et embrassé tout le sens du texte; c'est qu'ils n'ont vu l'homme que sous telle face, dans tel degré de son développement, dans telle forme plus ou moins superficielle de son existence, et ils ont pris la partie pour le tout, ils ont confondu des besoins accidentels avec le besoin essentiel, des lois temporaires avec la loi éternelle de l'humanité.

L'homme, tel qu'il est aujourd'hui, n'est pas

un être simple; il n'est pas même un être harmonisé en lui-même; c'est au contraire une créature mixte, une existence divisée par ses élémens; il est âme, volonté, esprit et intelligence; il est encore raison et imagination, sens et organes, et tout cela est enveloppé et comprimé dans une masse de chair et de sang! Ces élémens hétérogènes constituent cependant une personnalité une: ils ont chacun leurs besoins, leurs objets et leur loi; ils se développent dans un ordre successif et graduel, dans l'individu comme dans le genre, et de là vient que les familles, les nations et l'humanité ont aussi leur enfance et leur adolescence, leur jeunesse et leur maturité.

Or, l'homme ne se connaissant lui-même que tel qu'il est à l'époque où il apprend à se connaître, et la direction de sa vie dépendant toujours de l'idée qu'il a de sa nature, il est clair que sa doctrine morale a dû être, dans tous les temps, en raison de la science qu'il avait de lui-même, comme celle-ci a dû correspondre au degré de son développement. Ainsi, tant que l'homme n'a point su ce qu'il est dans son fond, il a dû prendre le mode de son existence à telle époque de sa vie pour sa nature véritable, et le besoin prédominant de cette époque pour sa loi ; il a dû regarder comme bien ce qui répondait à ce besoin et comme mal ce qui lui était contraire.

Delà autant de systèmes philosophiques qu'il y a d'élémens distincts dans l'homme et de degrés plus marqués dans son développement; autant de prétendues sciences de l'homme qu'il y a de phases ou de formes sous lesquelles il se présente à l'observateur, et de facultés principales qui manifestent sa vie; et comme il n'y a point de philosophie sans pratique, chaque système tendant à se réaliser dans les mœurs, a fourni, comme déduction, une doctrine morale conforme à l'opinion que le moraliste s'était faite de la nature humaine.

C'est par le corps, par la partie la plus extérieure de sa personne que la vie de l'homme se manifeste à son entrée dans le monde. Or, ce corps, forme matérielle, masse organique dont l'être humain est revêtu et dans laquelle il nait, existe et subsiste, a des besoins; et c'est dans le monde de la matière que se trouvent les objets qui y correspondent. Du rapport de l'homme avec la nature physique résulte le développement physique de l'homme; et s'il ne se connaît que dans sa forme corporelle, s'il n'a éprouvé que des sensations organiques et des désirs animaux, il croira que la nature animale est sa vraie et unique nature, et les besoins de l'animalité seront pour lui la règle du bien et du mal. De là la philosophie des sens et de la matière, la sagesse de la chair, le sensualisme, le matérialisme, l'épicuréisme, dont la doctrine pratique est l'art de jouir par les sens.

Qu'est-ce que l'homme dans le système du *sensualisme?* Une masse organisée pour sentir et vivre, se trouvant en relation avec d'autres masses plus ou moins semblables à elle, et qui se meuvent dans une capacité commune qu'on appelle monde.

D'où vient l'homme? Du cahos ou du néant. Qui l'a fait tel que le voilà? Le hazard, une combinaison fortuite d'atômes. Qui a présidé à cette combinaison? La nécessité, la fatalité, le destin.

Où va l'homme? A la mort. Qu'est-ce que la mort? L'évanouissement d'une forme dont les molécules se séparent, quand leur attraction est usée ou leur cohésion vaincue. Que devient la masse humaine qui s'évanouit? Atômes, poussière, néant.

Quel est d'après celà le but de l'existence humaine? C'est d'exister et de vivre. Quel est le plus grand bien de l'homme? C'est d'être conservé, de jouir le plus qu'il peut, de souffrir le moins qu'il lui est possible. Vivre pour jouir, tel est le dogme et la science, tel est l'art et la morale de l'homme. Le reste ne lui importe pas. S'il est des Dieux, dit Épicure, ils ne se mêlent guères des choses d'ici bas; comme nous ils ne doivent songer qu'à jouir.

Quelles sont les conséquences pratiques de ce honteux système? C'est, dans l'individu, l'égoïsme dans tout son développement, depuis la brutalité la plus grossière jusqu'à la volupté la plus raffinée. C'est, dans la société, la guerre soit de force, soit de ruse, de chacun contre tous et de tous contre chacun : car si l'homme n'existe que pour jouir, s'il est à lui-même sa fin, il ne se doit qu'à lui et tout le reste est pour lui: la force fait son droit, la guerre et l'envahissement font sa loi; jouir est son devoir; renverser ce qui le gêne est sa vertu. — Amour sublime qui se dévoue pour les autres, charité céleste qui se fait toute à tous, vous n'êtes que dérision aux sages de cette espèce!

On aurait peine à croire qu'une doctrine aussi avilissante ait pu être adoptée et applaudie sérieusement par des hommes, si l'histoire et la ruine des empires ne l'attestaient. Dans tous les temps la philosophie des sens et de la matière a eu ses docteurs et ses partisans. Nous la trouvons énergiquement exposée au second chapitre du livre de la Sagesse. Elle envahit les grandes monarchies de l'orient, à mesure que les traditions religieuses s'y perdent. Elle se retrouve en Grèce dans la cosmogonie atomistique de Leucippe et de Démocrite; elle était pratiquée et enseignée par les sophistes que combattirent Socrate et Platon. Epicure la rédigea en système de morale et l'annonça à la Grèce dégénérée. Lucrèce fit revivre en Italie les spéculations de Démocrite, et Horace y popularisa par ses vers l'épicuréisme, qui devint la morale des tyrans et des esclaves de Rome.

Dans le monde moderne, le règne du sensualisme a toujours été en raison inverse de celui du christianisme. La morale des sens domine là où la parole chrétienne est inconnue ou dédaignée : elle est combattue ou nulle, là où cette parole est reçue et pratiquée ; et elle reprend vigueur à proportion que l'esprit du christianisme se retire. Le sensualisme fait le fond de l'islamisme : il a plus d'empire sur les mœurs du midi de l'Europe, à mesure que le christianisme en a moins. En Allemagne il est dominé par le rationalisme spéculatif qui se nourrit d'abstractions. En Angleterre il est contenu par un rationalisme pratique qui vit de calculs. C'est lui qui a dominé Bâcon et Locke, et les a portés à conduire la science moderne dans les voies qu'elle suit encore aujourd'hui, où l'homme ne voit plus dans la nature que corpuscules, atômes, solides, matière, et en lui-même que corps, organes, sens et sensations. Voltaire l'introduisit en France, et ceux qu'on a appelés les philosophes du dix-huitième siècle, se chargèrent de l'y établir. Au mépris du rationalisme élevé de Descartes, du platonisme sublime de Mallebranche, au mépris du christianisme reconnu et révéré depuis tant de siècles, le sensualisme y fut proclamé philosophie unique par Condillac, morale universelle par Helvétius!... Apôtres de la sagesse animale, ils l'ont annoncée au peuple, et le peuple a battu des mains : il s'est mis à l'œuvre, et est devenu en peu de temps le plus philosophe des peuples : car il s'est dévoré lui-même, et s'est enivré de son propre sang. L'égoïsme brutal et sensuel érigé en doctrine, conduit nécessairement au carnage et à la destruction. Les tigres de Rome se sont élevés à la parole joyeuse du *doux* Epicure, et les préceptes du *bienfaisant* Helvétius ont préparé cette touchante philanthropie, qui forma parmi nous les buveurs de sang. Le sensualisme, devenu un moment *philosophie nationale*, est donc jugé sans retour par ses conséquences, par ses fruits, et il est inutile de le comparer à l'idée de la vraie morale à laquelle il est aussi contraire que la mort l'est à la vie. C'est une doctrine de dégradation pour l'individu, de désunion pour la famille, de destruction pour la société; c'est l'instinct bestial mis en système et proposé comme la loi de l'homme : c'est la morale de la brute, c'est la sagesse de l'animal.

Cependant à mesure que l'homme ou le peuple se dégrossit pour ainsi dire, soit par son développement naturel, soit par l'éducation qu'il reçoit et les efforts qu'il fait pour s'élever au-dessus du corps et de ses grossiers appétits, il commence à sentir le besoin de jouissances plus pures, d'objets plus nobles que ceux qu'il a recherchés jusques-là. Un nouveau sens s'ouvre et se dégage en lui : le sens de la beauté et des proportions, de l'accord et de l'harmonie. L'homme sent pour la première fois le besoin de retrouver l'unité dans la diversité. Il découvre et admire la beauté dans les créatures de son espèce, dans les productions de la nature et de l'art; et ne connaissant rien au-dessus de cette unité de formes et de plans, de ces beautés harmoniques de la nature, il s'exalte dans son admiration et croit que les lois de la belle nature sont aussi les lois de l'humanité.

Si cette croyance est posée en système, en doctrine et enseignée comme telle, vous aurez une philosophie de l'imagination, une philosophie poétique, romantique, esthétique, comme vous avez eu une philosophie des sens et de la matière. Vous aurez des théories brillantes et superficielles, qui entrainent l'homme dans un monde phantastique et le retiennent dans une sphère pleine d'illusions et de prestiges. La forme du beau devient la mesure du vrai et du bien. Les hypothèses tiennent lieu de science, les apparences sont prises pour la vérité, et la vertu n'a de dignité qu'autant qu'elle se montre sous une forme tragique ou romantique. Delà l'égoïsme de l'imagination et de la vanité, où l'homme amoureux de sa forme comme Narcisse, ou de son ouvrage comme Pygmalion, devient idolâtre de lui-même, et se prosterne devant les productions de son génie ou devant l'œuvre de ses mains.

Cette philosophie est celle de l'adolescence des peuples et des individus. C'est elle qui a produit les hyéroglyphes et les symboles, les mystères et les mythes de l'orient. C'est elle qui a inspiré les Homère, les Hésiode, les Anaxagore, les Phidias, tous les poëtes et les artistes de la Grèce, de ce peuple toujours jeune, selon le témoignage des prêtres de l'Égypte. C'est à elle que la Grèce dut ces théogonies, ces cosmogonies, ces allégories ingénieuses et brillantes, ce culte pompeux et toutes ces merveilles des arts, où l'imagination et les sens trouvent plus de nourriture et de jouissance que le cœur et l'esprit.

Dégénérée et éteinte dans la Grèce, la philosophie romantique reparaît dans l'adolescence des peuples modernes, et remplit l'Europe de héros et de chevaliers, de poëtes et de romanciers, troubadours au midi, bardes au nord. Elle domine l'Italie rajeunie au quinzième et au seizième siècle, et la Grèce antique semble y ressusciter avec tous les prodiges des arts. Elle brille en France au dix-septième siècle, mais éclairée par l'intelligence et ennoblie par la foi religieuse; et au dix-huitième, elle s'empare de l'esprit spéculatif de l'Allemagne, où elle enfante ces doctrines à la fois poétiques et logiques, esthétiques et métaphysiques, appelées aujourd'hui *philosophie de la nature;* véritables jeux de l'esprit sans profit pour les mœurs.

Le romantisme, comme le sensualisme, a son

temps, sa période dans la vie humaine; et si le développement naturel et moral de l'homme se fait régulièrement; s'il n'a point été faussé ou méconduit, la raison viendra prendre empire sur l'imagination comme celle-ci l'avait emporté sur les sens grossiers. La raison, faculté de discernement et de jugement, pointe dans l'enfance de l'individu et du peuple, se développe et se fortifie dans l'adolescent et se pose entre l'adolescence et la jeunesse comme organe de la vérité. Son aspect imposant arrête la fougue de l'imagination, tempère son éclat et son feu. Les images se décolorent, le désenchantement commence. Le jeune homme ne se contente plus des charmes de la beauté; il lui faut encore de la science, de la vérité. Il se constitue alors dans sa raison législateur et juge de lui-même et de tout ce qui l'entoure. Il trouve dans sa conscience morale une règle invariable de justice d'après laquelle il évalue spontanément sa conduite envers ses semblables, et celle de ses semblables à son égard et entre eux. Il apprend par l'observation et la pensée à connaître les rapports nécessaires et contingens de sa personne avec le monde et la société; son jugement se consolide pas l'exercice, se rectifie et se perfectionne par l'expérience. Sa manière d'agir prend du calme, de la dignité; il acquiert prudence, sagesse, réputation, et son nom s'établit avec honneur parmi ses semblables.

Ayant acquis ces avantages par la raison, c'est à lui-même, c'est à sa raison que l'homme les rapporte; et s'il n'est point éclairé par une doctrine supérieure, comme alors il ne connait rien en lui qui soit au-dessus de cette faculté, ni rien hors de lui de plus désirable que ce qu'elle lui procure, il la regarde comme le caractère générique de l'espèce humaine, comme l'absolu, le divin dans l'homme!.. Dès-lors vérité, sagesse, vertu, le bien même sont soumis à la critique de la raison et à son jugement. La philosophie véritable et unique est celle qui établit l'homme juge de lui-même et de tout ce qui existe, qui le pose en face de lui comme source de science et de sagesse; et la seule morale qu'il puisse admettre, est celle qui lui enseigne à se suffire à lui-même, à se commander et à s'obéir à lui.

Or, comme la raison est une faculté intermédiaire, un moyen terme entre la nature animale et la nature intelligente de l'homme, les doctrines rationelles, la philosophie de la raison ou le *rationalisme* tiennent aussi le milieu entre le sensualisme, le romantisme d'un côté, et le spiritualisme, l'idéalisme de l'autre. Si l'homme ou le peuple arrivé à l'âge de raison penche encore vers la nature inférieure, il regardera la raison comme l'attribut le plus noble de l'être humain, qu'il définira un *animal raisonnable*. Si au contraire il est assez dégagé de la matière pour élever son regard vers le monde spirituel, l'animalité lui paraîtra une dégradation accidentelle et il dira de l'homme qu'il est une *raison animalisée*.

Le rationalisme inférieur dont Aristote est le chef, la doctrine morale qu'il en a déduite sont des conséquences nécessaires de sa manière d'envisager l'homme. Si l'homme n'est qu'un animal doué de raison et si sa perfection, comme celle de chaque créature, consiste dans la conformité de sa manière d'être avec les lois de sa nature, la perfection de l'homme, sa sagesse consistera à obéir à la fois aux lois de l'animalité et à celles de la raison, à savoir concilier les exigences du corps et ses appétits avec les besoins de sa raison et les dictées de sa conscience. La science morale consistera donc à trouver le point d'équilibre entre les droits très différens des deux élémens de sa personnalité. L'art, la pratique, la vertu morale sera de se tenir ferme à ce point moyen dans tous les cas de la vie, de faire à tout instant la part à l'esprit et au corps; et la conséquence de cette vertu sera la *sagesse* par laquelle l'homme jouira à la fois des biens extérieurs et intérieurs ; c'est-à-dire qu'il satisfera l'animal autant qu'il le pourra sans troubler ou dégrader sa raison, et qu'il exercera sur son corps les droits de sa raison, sans trop gêner ou contrarier l'animal. *In medio virtus* etc.

Suivant la doctrine péripatéticienne, l'homme animal est distingué des autres animaux, non par son origine, son caractère générique et sa fin, mais seulement par un attribut appelé raison, dont la fonction est de discerner, de juger et de faire exécuter ce qui convient au bien-être et à la conservation de *l'animal homme*. Le but unique de la science, de la pratique, de la conduite morale est donc l'intérêt de l'individu, son bien-être actuel. C'est un égoïsme réfléchi à la place de l'égoïsme spontané ou bestial. La sagesse est un résultat de calcul : le dévouement, l'abnégation, l'oubli de soi-même est condamné comme excès, par conséquent comme vice, ou tout au moins comme luxe en morale.

L'apogée du rationalisme est la morale stoïque. Le stoïcien regarde sa raison comme faisant son caractère essentiel, et le corps comme étranger à sa vraie nature, comme esclave né de la raison. Il cherche donc à le tenir dans la subordination et il tend à s'élever au-dessus de toutes les influences qui le pénètrent pas le corps, afin de ne vivre que dans sa raison, par sa raison et pour sa raison. Ainsi douleurs et plaisirs sensibles, privations et jouissances de l'esprit, afflictions ou joies du cœur, crainte et espérance, biens terrestres, liens du sang, amis, gloire patrie, tout cela ne doit ni le toucher, ni l'émouvoir, tout cela doit le laisser dans une complète indifférence. Ce qui lui importe, c'est d'être *lui*, et de rester *lui* dans son for intérieur : c'est de ne croire qu'en lui et à lui, de n'espérer qu'en lui, de n'agir que d'après lui, par et pour lui. Sois toi, sois homme! Que ta vie soit conforme à la dignité d'un être raisonnable, conforme à la raison. Tel est le souverain commandement de la morale stoïque, telle est sa loi fondamentale; et afin de l'accomplir, afin de s'élever à cette perfection de la nature humaine, le stoïcien doit renoncer à tout ce qui n'est pas lui, se soustraire à toutes les influences qui pourraient le troubler dans son intérieur, repousser tout ce qui charme, séduit et dégrade l'homme vulgaire. Impassibilité, imperturbabilité, fixité en lui-même, voilà la perfection de l'homme: autocratie pleine et entière de sa volonté, voilà son bien souverain, sa félicité.

S'il était au pouvoir de l'homme de réaliser

cette doctrine ou de satisfaire à tout ce qu'elle exige, elle l'éleverait sans doute au plus haut point de la perfection purement rationelle ou humaine. Pratiquée même imparfaitement, elle produit toujours une première libération, puisqu'elle tend à diviser l'homme en lui-même, à élever l'esprit au-dessus de la matière, la raison au-dessus de l'animalité. Elle suppose du courage et de la grandeur d'âme, puisqu'elle excite au combat et demande des sacrifices. Aussi tous les sages de l'antiquité payenne étaient-ils plus ou moins stoïciens : tant il est vrai que la vertu est toujours en raison du renoncement.

Mais quel est le motif de cette sagesse, qui a fait tant de bruit dans le monde? L'intérêt propre, le *moi*, son repos, sa gloire! Le moi, voulant une indépendance entière qui, si elle n'était une chimère, ne serait que roideur, apathie, immobilité.

Que produit la pratique de cette morale dans l'individu? Admiration, apothéose de lui-même, dédain ou au moins indifférence pour tout ce qui n'est pas lui. Que serait-ce qu'une société de stoïciens? Rien : car elle est impossible. Le stoïcisme commande l'indépendance comme le plus saint des devoirs, comme le devoir unique. Toute autorité, toute supériorité sociale lui est contraire : il faut qu'il domine ou qu'il s'isole pour n'être point dominé. Il n'y a point de milieu pour lui entre le trône d'Alexandre et le tonneau de Diogène. Il envahira le monde, ou il ira chercher dans les antres des forêts le bonheur tant vanté du citoyen de Genève.

Qu'est-ce donc que cette vertu qui n'est fondée que sur elle-même, appuyée que par elle-même, qui ne se nourrit que d'elle et de sa gloire, qui est à elle-même son principe et sa loi, sa récompense et sa fin? n'est-ce pas l'orgueil le plus exalté, l'amour propre le plus exclusif mis en système, ou pour parler le langage du jour, n'est-ce pas là *l'égoïsme transcendental?*

Le rationalisme est la doctrine de l'âge mûr chez les peuples comme chez les individus. La Grèce en vieillissant devint raisonneuse et sophiste. Elle fût engouée de l'art de la dialectique, comme elle avait été enchantée des arts d'imitation et d'imagination, et Aristote y trouva plus de sectateurs que Zénon. Aussi le stoïcisme fut-il plutôt chez les Grecs un objet de disputation logique que de pratique. C'est à Rome, au milieu des horreurs des guerres civiles et sous la tyrannie des empereurs, que la morale stoïque fut le plus énergiquement réalisée par des raisons fortes et magnanimes, qui refoulées sur elles-mêmes, cherchèrent en elles une dignité et une indépendance qu'elles ne trouvaient plus au-dehors.

Pendant l'adolescence du monde moderne on a beaucoup raisonné dans les écoles sous l'influence d'Aristote et d'après sa méthode. Comme de grands enfans, les hommes d'alors raisonnaient par imitation et de mémoire, argumentaient d'imagination et pour le plaisir de l'emporter sur leurs adversaires. C'étaient des jeux de mots et de formes, plutôt que l'expression de vues saines et de pensées vraies. Ce n'est qu'au milieu du quinzième siècle que le rationalisme moderne se développa en Allemagne et envahit chez ce peuple réflexif toute la vie spirituelle, la religion et la philosophie. Le génie anglais, qui veut partout du positif, le réalisa dans la sphère civile et politique. La France devint rationaliste beaucoup plus tard; mais elle ne le fut et ne l'est encore, dans sa vie intellectuelle comme dans sa vie extérieure, que par une imitation forcée, contraire à son caractère et à son génie.

Partout où le rationalisme a dominé, il a produit dans l'individu comme dans le peuple le scepticisme pour dernier résultat. Le sceptique en morale révoque en doute, ou du moins met en problême l'existence réelle du bien et du mal, leur action sur la volonté humaine, et par suite l'autorité législative de la conscience et ainsi la réalité de la vertu et du vice. Posant en principe que l'homme raisonnable ne peut admettre et croire que ce dont sa raison a évidence, et trouvant que toutes les preuves purement rationelles des points fondamentaux de la morale sont insuffisantes, puisqu'elles peuvent être contrebalancées par des argumens négatifs aussi puissans que ceux qui affirment, les uns et les autres n'étant que des produits de raison, il en conclut légitimement, en supposant son principe vrai, qu'il n'y a pas lieu de croire; et qu'ainsi le propre du sage est de nier en morale comme en tout le reste ce qui ne lui est point prouvé, ou du moins d'y rester indifférent.

De là deux espèces de scepticisme en morale. L'un niant hardiment l'existence du bien et du mal moral comme non démontrée, ne reconnaît ni vertu ni vice dans les actions humaines. La conscience se forme de préjugés; la religion, la législation, toutes les doctrines et les institutions morales ne sont que des inventions de quelques hommes de génie, pour comprimer le peuple et gouverner la multitude. L'autre, plus méticuleux, ne se permet ni d'affirmer ni de nier et se tient dans l'indifférence. Les sentimens moraux n'ont ni plus de sens ni plus de valeur que les sensations physiques. Les lois morales comme les lois civiles n'ont qu'une bonté relative. Elles varient suivant les temps et les lieux; et la vertu de l'individu comme la moralité des peuples dépend de la constitution physique, de la santé; celles-ci du tempérament; le tempérament du climat; le climat des lieux, des eaux, de l'air, des astres, etc.

Le scepticisme n'est point à proprement dire une doctrine, puisqu'il consiste dans la dénégation de toute doctrine. Dans la pratique, il place l'homme sous la loi rigoureuse du destin, ou l'abandonne à son égoïsme naturel, à toute la licence de sa volonté propre. Il s'écroule avec le rationalisme dont il est la dernière conséquence, dès que l'homme reconnaît que l'Être, source du bien, et la loi mystérieuse promulguée dans la conscience ne tombent point sous les sens, et ainsi ne peuvent pas plus être démontrés à la raison qu'ils ne peuvent être réfutés par elle. Si l'homme nie la vérité de l'*Être* et du *Bien*, il n'est plus ni sceptique, ni raisonnable: il est *insensé*, c'est à dire dépourvu de sens pour les choses morales et divines. S'il croit au bien et à la conscience, quoique la conscience et le bien ne puissent lui être démontrés, il n'est plus ni rationaliste, ni sceptique: il est *croyant* en dépit de sa raison.

La raison cependant n'est point un élément essentiel de l'être humain: elle n'est pas même une propriété absolue ou nécessaire, elle n'est qu'une modification temporaire, une manière d'être de l'esprit. Elle tient le milieu entre les sens et l'imagination qu'elle doit gouverner, et l'intelligence et la volonté à qui elle doit obéir. Comme raison spéculative, elle discerne ou sépare l'idéal du réel, et celui-ci de ce qui n'est qu'apparent ou phénoménique: comme raison morale, elle discerne entre le juste et l'injuste, entre le bien et le mal; et c'est par l'exercice légitime de ce discernement moral que l'homme est conduit à pressentir l'existence d'un monde où règnent la justice et le bien. Dès-lors le désir de connaître ce monde supérieur, ses objets et ses lois naît en lui. Désabusé des images qui ne lui ont donné que du vague, et des opinions rationelles qui ne lui présentent que des contradictions, il sent le besoin de la vérité et de la certitude, de l'évidence et de la science; et c'est par l'intelligence et non par la raison qu'il entre en rapport avec le monde et la lumière intelligibles. De là les doctrines intellectuelles les plus profondément spéculatives: *l'idéalisme,* le *spiritualisme* ou le *platonisme*, dont la doctrine pratique tend à élever l'homme au moyen des *idées innées* à la contemplation des idéaux, afin de le faire parvenir par l'évidence à la science de la beauté et de la vérité.

Suivant la doctrine de Platon, l'être humain a été et est encore un pur esprit, une intelligence faite pour vivre dans un monde spirituel et intelligible. Cet esprit s'est dégradé, cette intelligence s'est troublée en elle-même, et elle est tombée dans un monde matériel et dans un corps de chair. Ce corps appesantit l'esprit et le tient attaché aux choses terrestres; et tant que l'esprit reste sous ce poids, chargé de chaînes et d'entraves, il ne peut connaître le monde pour lequel il est fait; il ne peut voir les idéaux, ni avoir conscience des idées qui leur correspondent et qu'il porte cependant en puissance en lui; il ne peut arriver à la contemplation, ni par conséquent à la science qui fait la perfection et le bonheur de l'homme.

Cependant en tombant dans la matière, en se matérialisant lui-même, l'être intelligent n'a changé ni de nature, ni de loi. Le corps dont il est revêtu et qui fait un interstice opaque entre la lumière intelligible et lui, n'est qu'un mode de son existence temporaire, une prison, une caverne obscure dans laquelle il est enchaîné; et il ne peut revenir à son état primitif, au rang dont il est déchu, qu'en se dégageant de ses liens, en se détournant des illusions des sens et de l'espace, des prestiges de sa propre réflexion et du temps. La purification est donc la condition nécessaire pour la réhabilitation de l'homme. Il faut que son regard et sa pensée, son désir et ses affections s'épurent et se simplifient, qu'ils se détachent des choses d'en bas et se tournent vers les régions supérieures, afin que la lumière intelligible puisse le pénétrer, l'éclairer, féconder en lui les germes des idées pures et l'élever ainsi à la science.

Cette doctrine est aussi supérieure au rationalisme, au romantisme, au sensualisme, que les sens, l'imagination et la raison sont inférieurs à l'intelligence. Elle suppose dans le disciple croyance en un monde invisible, spirituel, surnaturel ou sur-rationel, d'où l'homme vient et vers lequel il doit remonter, et en la vérité qui y règne et s'y manifeste. Elle suppose le besoin senti de cette vérité, le désir de la connaître, la confiance dans les moyens prescrits pour arriver à cette connaissance, et enfin le courage d'user de ces moyens et de réaliser les préceptes. Elle prend l'homme où le stoïcisme l'a laissé et l'élevant au-dessus du cercle étroit et vicieux de sa raison propre, elle tend à développer en lui un sens nouveau, une faculté plus haute, par laquelle il doit entrer en rapport vivant avec la vérité.

Le platonisme, la plus pure et la plus élevée des doctrines humaines, est cependant loin de satisfaire aux conditions de la vraie morale. Il proscrit, il est vrai, l'égoïsme grossier des sens; il élève l'homme au-dessus des intérêts de la vie rationelle; mais il l'isole, et ne le fait point sortir de lui-même : il le fixe au contraire dans son intelligence, en lui donnant pour loi unique la recherche de la vérité et la contemplation de la beauté. Et le but de cette recherche? C'est l'acquisition de la science. Et la fin de la science acquise? C'est de la posséder et d'en jouir!.. C'est donc encore le *moi* et sa jouissance, c'est encore l'homme posé comme sa fin à lui-même!

Aussi le platonicien, absorbé dans la contemplation intellectuelle, ne vit que pour lui. Sa vertu est en spéculation, en idée bien plus qu'en pratique. Entouré d'une auréole de gloire, il se complait au milieu des lumières de la science, des nuances brillantes des idées, de l'éclat de la beauté : mais le dévouement, la charité active le détourneraient de ses hautes spéculations et retarderaient son essor en ramenant son regard vers les misères terrestres. Le monde du bien, la loi de l'amour furent inconnus au platonisme, et l'humilité chrétienne devint un scandale aux philosophes d'Alexandrie, comme leurs idéaux et leurs idées, leurs archétypes et leurs prototypes avaient été une dérision pour les rationalistes. C'est que l'intelligence ne comprend pas plus les choses divines et de l'âme, que la raison ne comprend l'intelligence et les choses intelligibles, que les sens ne comprennent la raison et les choses rationelles, ou que la conséquence ne comprend son principe.

D'ailleurs la république de Platon a jugé et flétri sa doctrine. Les lois de la nature y sont méconnues et violées, la pudeur outragée, la conscience dépravée, la dignité humaine foulée aux pieds. L'homme vulgaire est dévoué dans toute son existence au service de l'état qui le nourrit. La femme doit abjurer son sexe, paraître nue dans l'arène et armée dans le camp!.. Le mariage est un accouplement fortuit et la débauche est encouragée pourvu qu'elle reste stérile. La république tue à leur naissance les enfants dont elle n'a rien à espérer. La ruse, le mensonge, la tromperie, tous les artifices politiques sont légitimés, commandés par la raison d'état. Et voilà où aboutissent ces sublimes spéculations de l'intelligence, ce luxe de science, cette contemplation de la beauté et de la vérité!.. Encore une fois, le platonisme est la plus élevée des doctrines humaines! Que serait donc devenue l'humanité si une lumière plus pure n'était venue l'éclairer!

L'orient est le lieu natal et pour ainsi dire la terre classique de la philosophie contemplative. C'est elle qui a fondé tous ces systèmes religieux de l'Asie et de l'Afrique, dont les dogmes sont des reflets plus ou moins obscurcis de la vérité; où les objets du culte sont des emblêmes, des symboles physiques, représentant des vues et des conceptions métaphysiques. Transplantée de l'Egypte en Grèce, elle n'y put prendre racine ni dans les écoles, ni dans les temples. L'école italique de Pythagore, la seule qui ait eu une véritable discipline, fut détruite par la violence. Socrate tenta de la faire revivre sous d'autres formes et périt par la cigüe. Platon ne la fit goûter aux Grecs qu'en la recouvrant de tout le brillant de la rhétorique, en l'armant de toutes les subtilités de la dialectique. Chassée de l'Italie, dégradée en Grèce, la philosophie de l'intelligence revint à son pays natal pour y achever son développement. C'est à Alexandrie qu'elle a produit tout ce qu'elle peut produire. Modifiée à la fois par le judaïsme vieilli et par le christianisme dans son premier âge, elle enfanta la *Gnose* et se mêlant aux anciennes superstitions de l'Asie, elle renouvela les doctrines et les pratiques occultes de l'astrologie, de la théurgie, de la magie, de la démonologie, etc. etc. Les néoplatoniciens en passant au christianisme y introduisirent l'esprit et les formes de la science humaine; de là les hérésies subtiles et savantes des premiers siècles de l'église, par lesquelles les dogmes fondamentaux de la religion chrétienne furent attaqués et la vérité plus ou moins obscurcie. De là encore dans le développement du monde moderne cette tendance à saisir par l'intelligence et la réflexion les vérités proposées à la foi : tendance qui a produit dans le moyen âge des croyances et des pratiques trop souvent superstitieuses et qui plus tard a amené le déisme, le panthéisme, l'exégétisme, la théosophie, l'illuminisme et toutes ces doctrines vaines et brillantes, auxquelles l'esprit s'abandonne quand il est enflé de science et privé de la lumière de la foi.

Le platonisme est sans contredit la plus sublime des doctrines humaines, le produit du plus grand effort de l'esprit, l'apogée de son exaltation.

Mais il faut pour le bonheur de l'homme et le bien de la société autre chose que des spéculations et des idées : car le bonheur véritable vient de l'âme et non de l'exaltation de l'esprit. Il faut à l'homme la science de lui-même, de sa nature foncière, et non pas seulement celle de ses puissances, de ses formes, de ses revêtemens : toutes ces choses sont à l'homme, de l'homme, mais ne sont pas l'homme. Il faut qu'il acquierre la conscience de son vrai, de son unique besoin, et qu'il apprenne à connaître le seul objet qui le puisse satisfaire. C'est alors seulement qu'il comprendra ce que c'est que le bien et comment tout ce qui n'est pas *lui*, par *lui* et pour *lui* est plus ou moins mal pour l'homme. Alors aussi il comprendra que l'âme étant le foyer de toutes les puissances, de toutes les facultés, c'est à elle et à la volonté et non pas seulement aux sens, à l'imagination, à la raison et à l'intelligence que la vraie morale doit s'adresser pour régler la vie humaine et qu'une telle doctrine devra dans son unité et sa simplicité expliquer toutes les autres, comme l'âme elle-même renferme et développe toutes ses facultés.

TROISIÈME PARTIE.

DE LA MORALE ÉVANGÉLIQUE.

Aucune des doctrines que nous venons d'examiner ne satisfait aux conditions de la vraie morale; aucune ne répond au besoin le plus profond de l'homme, des peuples et de l'humanité, parce qu'elles partent toutes d'une notion partielle, d'une connaissance incomplète de la nature humaine. Il faut la science de l'homme et de tout l'homme pour donner des préceptes justes et légitimes à la libre volonté de l'homme.

Mais comment la nature humaine s'élevera-t-elle à la science d'elle-même et de son principe, à celle de son origine, de sa nature et de sa fin? L'homme a-t-il pu assister à sa création pour connaître son principe créateur, à sa génération pour connaître son origine? Peut-il avoir évidence de sa nature spirituelle, de son fond? Peut-il se voir comme il voit un objet posé en face de lui? Peut-il sentir ce qui sent, concevoir ce qui conçoit, penser et connaître ce qui connaît et pense en lui?... L'œil organique est fait pour voir et voit en effet ce que son regard peut atteindre ; il voit ce qui est devant lui et distinct de lui: mais il ne peut se voir lui-même, ni comment il voit actuellement et il en est ainsi de l'âme! L'homme intérieur sent et vit avec conscience de lui-même; mais il ne peut avoir évidence de lui; il ne peut se connaître dans son fond par lui-même.

Si donc l'homme naît imparfait, mais perfectible; si le besoin du bonheur lui est inné, et si sa félicité est toujours en raison de son élévation, de sa vertu; s'il faut des préceptes moraux analogues à sa nature pour l'élever par la pratique à la perfection de cette nature, et si de tels préceptes supposent la science de l'homme que nul mortel ne peut puiser en lui-même, il a fallu une sagesse au-dessus de la sagesse humaine, un maître supérieur à l'homme, qui le connût dans toute son existence, dans son être, sa manière d'être, dans toute son histoire, et qui cependant tînt de sa nature pour pouvoir en être compris, afin de lui enseigner ce qu'il a été et ce qu'il est, ce qu'il peut et ce qu'il doit devenir.

Il a fallu que ce maître confirmât sa haute doctrine par la puissance de ses œuvres et qu'il fût en même temps dans sa vie et dans toute sa personne un modèle pour l'humanité, en sorte qu'on pût dire de lui dans toute la vérité: Voilà l'homme!

Ce maître a été envoyé pour la libération de l'humanité, pour l'exemple et le salut de tous. Sa doctrine qui a été une *heureuse nouvelle* subsiste; et la morale la plus pure en découle, comme la conséquence découle de son principe. Rappelons les points fondamentaux de cette doctrine, afin d'en mieux apprécier les préceptes, comme nous avons jugé les morales humaines par les systèmes philosophiques dont elles sortent.

La bonne nouvelle apportée par le maître n'était point en contradiction avec les vérités annoncées antérieurement aux hommes. Je suis venu, a-t-il dit, non pour détruire la loi, mais pour l'accomplir. Ainsi tout le trésor des vérités renfermées dans les livres sacrés de l'ancienne loi, a passé dans le christianisme, et ces vérités ont été confirmées, développées par la lumière nouvelle qu'il a apportée.

D'où part la doctrine du christianisme? De l'idée la plus universelle qu'aucune intelligence créée n'eut pu inventer ni concevoir... de l'idée de l'Être qui Est... de l'Infini, de Dieu Père, *en qui, par qui, pour qui toutes choses sont...* et de sa manifestation consubstantielle, du Verbe *qui a été en Dieu, qui est Dieu, par qui tout ce qui existe est fait* ou conduit à existence.

D'où vient l'homme ? En principe de l'Être, de Dieu Père, manifesté par le Fils et l'Esprit... de l'Être trois fois saint qui a créé l'homme à son image et l'a rendu participant à la vie divine.

Quelle est la nature de l'homme ? créé immédiatement par le Dieu des Êtres, fait à sa ressemblance et animé par l'esprit ou le souffle divin, l'homme porte dans son fond le caractère de sa haute origine, le besoin de Dieu, de l'Être, le désir de l'infini. C'est par ce caractère sacré, par ce besoin et par cette ressemblance qu'il est capable de communiquer avec Dieu, de recevoir son verbe et son esprit, sa vertu et sa lumière.

Quel est le rang de l'homme dans la chaîne des Êtres ? Il est dans l'ordre hiérarchique et par son âme une des créatures les plus nobles de l'univers, ne dépendant que de son principe créateur. Dans l'ordre temporaire, il est le complément de la création dont il dût être le chef et le gouvernant.

Quelle est sa loi? C'est l'amour. Tu aimeras le Seigneur, ton Dieu, de tout ton être! C'est l'aveu ou la reconnaissance de sa dépendance, l'adoration en esprit et en vérité.

D'où vient l'ignorance où est l'homme de cette loi, la difficulté d'en comprendre le sens et la nécessité? D'où viennent les oppositions qu'il trouve en lui-même et hors de lui, lorsqu'il s'agit de réaliser sa loi? Tous ces maux sont les effets d'une nature fausse que l'homme a revêtue et qui tient son âme captive; ils viennent de la chair et du sang qui appesantissent l'esprit et le rendent esclave du mal, tributaire de la mort.

Qui délivrera l'homme de cette nature fausse et perverse, qui rachetera l'humanité du mal et de la mort? Le Verbe Dieu qui, pour vaincre cette nature fausse au profit de l'humanité, l'a lui-même revêtue en se faisant homme! Car le Verbe s'est fait chair.... afin de se présenter comme modèle à l'homme, afin de lui servir de maître et de guide, afin de délivrer l'humanité de l'esclavage et de la mort en se livrant volontairement aux douleurs, à l'abaissement, à l'obéissance jusqu'à la mort.

Que faut-il de la part de l'homme, placé avec sa libre volonté entre le bien et le mal, pour participer au bienfait de la rédemption? Il faut la foi au rédempteur: il faut l'humilité, l'espérance et la charité: il faut renoncement et dévouement: il faut l'amour du bien par-dessus toutes choses. Tel est le sommaire de la doctrine et de la morale évangélique!

Foi et humilité! comment la raison ne reculerait-elle pas devant des conditions aussi serviles, elle qui croit se suffire à elle-même et porter en elle la source de la science, de la vertu et du bonheur? Elle se récrie, parce qu'elle pressent que dans le délire de son orgueil elle est elle-même une victime dévouée au sacrifice. Aussi comme elle résiste à quiconque la veut conduire à l'autel! Elle se débat sous la main du sacrificateur; elle ébranle l'autel et voudrait le renverser.... Et cependant cette raison qui se scandalise si fort au seul nom de la foi, que serait-elle si elle ne commençait par croire? Où prendrait-elle les prémisses de ses raisonnemens? Est-ce qu'elle nait et sort tout armée du cerveau de l'homme? Est-ce que nous arrivons dans ce monde avec une science toute faite, avec un jugement tout formé, ou plutôt ne naissons-nous pas dans une complète ignorance, aussi faibles d'esprit que de corps? Eh bien! si l'homme ne sait rien en naissant, s'il s'ignore lui-même et tout ce qui l'entoure et s'il a besoin de savoir, ne faut-il pas qu'il reçoive l'instruction, ne faut-il pas qu'il croie d'abord au rapport de ses sens, puis à la parole du maître? Quoique ce soit que l'homme doive apprendre, depuis l'alphabet jusqu'aux sciences exactes, ne faut-il pas admettre d'abord le nom, le principe d'où la science dérive? L'enfant peut-il discuter la volonté paternelle avant de croire et d'obéir? La nature qui le soumet à son père ne lui impose-t-elle pas la confiance en sa parole? Éprouvera-t-il aussi l'aliment que lui présente sa mère, avant de le porter à sa bouche? Dans ces premiers temps de la vie où l'homme acquiert plus de connaissances qu'il n'en acquerra dans tout le reste de son existence, où se posent les fondemens de sa science et de sa conduite, où se décide le plus souvent la direction de sa vie entière, que fait la raison qui est encore à naître et qui prétendra plus tard que l'homme n'est ce qu'il est que par elle? Il est heureux qu'elle sommeille dans l'enfant : car si nous pouvions commencer par raisonner sur tout, nous finirions immanquablement par n'avoir de principes sur rien.

Il faut donc en toutes choses commencer par croire; et la foi qui est la base de la morale chrétienne, est aussi la condition première de toute connaissance, de toute science, de toute philosophie. Mais que faut-il croire? En qui faut-il croire? En celui qui est venu me confirmer la noblesse de ma nature, ma dégradation et m'offrir les moyens de me relever. Qu'on ne reproche donc pas à la doctrine chrétienne d'aveugler l'homme sous prétexte de l'éclairer. Ce n'est point la doctrine qui le rend aveugle; elle le trouve tel, et elle ne peut conduire cet aveugle né à la lumière qu'autant qu'il se confie en elle. Qu'on ne reproche pas à l'évangile de dégrader l'homme, d'en faire un esclave sous prétexte de le libérer et de le relever. Ce n'est pas l'évangile qui l'a abattu, dégradé, jeté sur cette terre comme sur un lit de mort. Il l'a trouvé malade et esclave, il lui a fait connaître sa misère, sa dégradation et son impuissance à se guérir lui-même, afin de le porter à implorer le secours du médecin, à se remettre avec confiance entre ses mains: car le malade ne peut pas plus se guérir, que l'aveugle ne peut se conduire.

Pouvez-vous croire? voilà ce que Jésus-Christ demandait d'abord à ceux qui désiraient salut et guérison; et il est clair que si c'est par le doute, par le manque de foi en la parole de Dieu que l'homme a perdu son rang, ses droits et ses privilèges, il ne pourra les recouvrer que par la foi en cette même parole annoncée par l'homme-Dieu; si c'est par l'orgueil qu'il est tombé, il ne se relevera que par l'humilité; si c'est le désir de la science du mal qui l'a rendu esclave du mal, il ne pourra être libéré que par le renoncement au mal, par la foi ou l'adhésion simple au bien. La foi et l'humilité sont donc les premières vertus évangéliques, parce qu'elles sont les premiers remèdes contre le mal radical de l'homme et de l'humanité.

La doctrine évangélique est la seule qui rende raison des contradictions que l'homme trouve en lui-même, des oppositions qui se déclarent à tout instant dans sa personnalité. C'est elle qui lui explique pourquoi se trouvant à la fois excité par le bien et tenté par le mal, ayant sentiment, conscience et discernement de l'un et de l'autre, toujours libre dans son choix, mais forcé de choisir, il veut le bien qu'il ne fait pas et ne veut pas le mal qu'il commet trop souvent. Comment l'évangile rend-il raison de ces mystères de l'homme? En nous apprenant que nous ne sommes pas de ce monde; que la terre où nous naissons et vivons est un lieu d'exil et de passage, un lieu d'expiation et de préparation à un autre ordre de choses... que ce monde avec sa puissance, ses richesses et sa gloire appartient au mal et se trouve sous l'anathème; qu'il ne servirait de rien à l'homme de gagner tous ces biens si son âme restait dans la mort, puisque tous ces biens passent comme une ombre; que la possession du monde entier ne pourrait compenser la perte de l'âme, puisque son prix est au-dessus de celui du monde... que notre Père est au ciel; que le ciel est notre patrie où une félicité ineffable nous attend, si nous avons le bonheur de rentrer en grâce avec notre Père, de redevenir enfans de Dieu et de la lumière; et pour cela il faut que nous soyons affranchis du mal, delivrés de ses chaînes, purifiés en nous-mêmes. De là la doctrine du *renoncement* et de l'*abnégation* qui constitue toute la morale pratique de l'évangile. « Que celui qui veut être mon disciple « se renonce lui-même, qu'il consente à porter « sa croix et me suive! »

Mais où prendre la force pour un tel renoncement? L'homme peut-il se diviser en lui-même, sacrifier son corps et ce qu'il connaît, pour sauver son âme et obtenir des biens qu'il ne connaît pas? Non sans doute, et il n'aurait jamais pu soupçonner la nécessité d'un tel sacrifice, si l'évangile ne le lui avait annoncé; il n'aurait jamais pu croire à la possibilité de ce sacrifice, si l'exemple ne lui en avait été donné en confirmation de la doctrine, et il ne pourrait le réaliser si un nouvel esprit, une nouvelle vie ne lui était accordée, qui le rende capable de dominer et de mortifier la vie ancienne. Ce n'est point au reste l'immolation de lui-même par lui-même qui lui est commandée : il ne saurait être à la fois victime et sacrificateur. C'est son adhésion au sacrifice libre et volontaire de la victime sans tache ou la foi en Jésus-Christ : c'est le renoncement au mal et à tout ce qui est du mal, au monde, à l'esprit du monde et à ses pompes, le renoncement à Satan et à ses œuvres. Le renoncement fait par un acte libre de la volonté, c'est au grand sacrificateur à disposer de la victime, à la purifier, à la préparer et à l'offrir avec lui au Père.

Le chrétien instruit de sa dégradation par la foi, par l'expérience de sa misère et de son impuissance, cesse de s'appuyer sur lui-même et pose son espoir et sa confiance en un plus fort que lui. Il a le sentiment profond du secours qui lui est donné et le pressentiment de cette vie future qui lui est annoncée et promise. De là la seconde vertu chrétienne : l'espérance ! Oh ! oui, l'espérance en la bonté, en la justice divine, est une vertu dans ce monde où le mal et l'injustice nous attaquent et nous pressent de toutes parts ! C'est par les tribulations que la foi est éprouvée et par l'espérance qu'elle est soutenue. Aussi le chrétien ne s'écriera jamais: ô vertu tu n'es qu'un vain nom! car il sait d'où vient à l'homme la vertu, quel est son principe et son terme, et où elle trouvera sa récompense. Le chrétien seul pourrait rester debout et sans frayeur au milieu du bouleversement et des ruines du monde, parce qu'il sait que la puissance qui a fondé le monde est aussi la puissance qui protège le juste et le soutient. Jamais il ne désespère de la Providence, jamais il ne se lasse dans l'attente du secours, parce qu'il sait que mille ans sont comme un jour devant le Seigneur, et que Dieu est patient parce qu'il est éternel. L'évangile seul a pu apprendre à l'homme à espérer contre toute espérance, à être patient sans apathie, courageux sans orgueil, humble et résigné sans lâcheté : car seul il a expliqué le mystère et la nécessité de la souffrance. Si le détachement, si la purification et la mort sont nécessaires, les peines, les tribulations et les douleurs le sont aussi. On ne meurt point sans douleurs, on ne se détache point de ce qu'on aime sans déchirement. Il a fallu que le Christ mourût et qu'il ressuscitât et qu'il entrât ainsi dans la gloire, et le Christ est le modèle de l'homme, le représentant de l'humanité. Ce qu'il a fait comme victime innocente, nous devons le faire comme victimes coupables : car nous naissons dans le mal et nous sommes faits pour le bien. Il faut donc pour ressusciter avec Jésus-Christ consentir à souffrir et à mourir avec lui: il faut, pour sauver sa vie que l'homme consente volontairement à la perdre. C'est pour cela qu'ils sont heureux ceux qui souffrent, parce que leur souffrance prouve que leur purification s'opère : heureux ceux qui pleurent, parce qu'ils seront consolés; plus heureux encore ceux qui souffrent, non plus pour eux-mêmes, mais pour la justice et la vérité, parce que le royaume de Dieu est déjà à eux! Les tribulations détachent l'homme des choses terrestres et l'élèvent vers les choses célestes, et ce n'est que par le brisement successif des liens qui l'attachent ici bas, par des renoncemens sans cesse répétés qu'il meurt graduellement à sa nature fausse, à son corps, à son esprit propre, à son intérêt, à son égoïsme enfin, et qu'il arrive à aimer ses semblables comme lui-même par justice, puis à les aimer plus que lui par amour du bien, à se rendre, s'il le faut, victime et anathème pour ses frères! C'est alors, et alors seulement qu'il a atteint le but de ses travaux; c'est alors qu'il vit dans la charité qui survit à tout.

Charité! vertu par excellence qui suppose, renferme et complète toutes les autres vertus. Amour, charité, voilà le commandement vraiment nouveau que Jésus-Christ a apporté aux hommes. « Je vous laisse un commandement nou-
« veau : c'est celui de vous aimer les uns les autres,
« comme je vous ai aimés. C'est en cela que tous
« connaîtront que vous êtes mes disciples, si vous
« vous aimez? » — Nous ne demanderons pas s'il y eut jamais une doctrine plus élevée dans ses principes, plus rigoureuse et plus nette dans ses conséquences, plus liée et mieux fondée dans ses préceptes, plus générale et plus sublime dans ses résultats ! Mais nous demanderons quel moraliste a jamais osé prescrire à l'homme comme devoir sacré de se renoncer lui-même, de s'oublier pour dévouer sa vie et sa personne au service de ses frères, et quel maître a jamais donné comme Jésus-Christ l'exemple le plus parfait de ce dévouement?... Tout le mystère de la religion chrétienne est dans la charité, dans le dévouement sans bornes du maître : toute la morale évangélique est dans le mot charité ; toute la perfection du chrétien est dans cette seule vertu ; car la foi et l'humilité, le renoncement et l'espérance ne sont que pour arriver à la charité. Et le but de cette charité

fraternelle entre les disciples et de ce dévouement du maître, c'est de détruire les barrières qui séparent l'homme de Dieu et qui divisent les hommes entre eux; c'est de les réunir dans une même foi, dans une même espérance, dans une même félicité. « Faites, ô mon Père, qu'ils « soient un comme vous et moi sommes un! »

Et cette doctrine, pure comme la lumière, sublime et profonde comme la vérité, simple et universelle comme Elle, est annoncée à tous. Tandis que les doctrines humaines ne sont que pour les savans, les riches, les heureux du siècle, celle-ci s'adresse de préférence à ceux que la sagesse du monde dédaigne ou délaisse. C'est par des pauvres et à des pauvres que l'évangile a d'abord été prêché; c'est par des ignorans et à des ignorans que les plus hauts mystères ont d'abord été annoncés; c'est surtout aux simples et aux petits que la vérité s'est montrée sans voile. « Je vous remercie, mon « père, de ce que vous avez caché ces mystères « aux grands et aux sages du siècle, et que vous « les avez révélés aux simples et aux petits. » Si le savant veut être initié à la science de ces mystères, s'il veut *voir* le royaume de Dieu, en avoir évidence, il faut qu'il meure à sa science propre, qu'il renaisse, qu'il devienne simple, docile comme un enfant. Oh! Qu'il est consolant pour la multitude de savoir que pour trouver le bonheur, il ne faut ni puissance, ni richesse, ni science, qu'il suffit de croire au maître et à sa parole, d'espérer et d'aimer. Que deviendraient la plupart des hommes, tous ceux qui payent leur pain de chaque jour par la sueur de leur front, qui chaque jour disputent leur existence précaire au besoin, à la misère, à la mort; tous ceux qui n'ont ni le loisir ni les moyens de jouir avec Epicure, qui ne peuvent raisonner avec Aristote, renier joie et douleur avec Zénon, ni s'élever à la hauteur des idées platoniques? Doctrines humaines, que ferez vous de ces hommes? Ils sont hommes, malades et malheureux. Quel remède offrez-vous à leurs maux, quel soulagement à leur misère? Pouvez-vous leur dire : venez à nous, vous tous qui gémissez, qui êtes fatigués et souffrans, et nous vous soulagerons?... Non, sans doute. Eh bien! ceux que vous abandonnez, ceux que vous repoussez ont trouvé un consolateur et un protecteur, un sauveur et un père. C'est l'évangile qui le leur a fait connaître; et c'est sa morale pratiquée avec foi qui leur fraye le chemin pour arriver jusqu'à Lui.

Oui, dit la raison humaine, la morale évangélique est belle et sublime. Jamais perfection plus haute n'a été proposée à l'homme : mais elle surpasse sa force : c'est un idéal qui ne peut être réalisé sur la terre. — Qui était donc celui qui l'a proposée, qui l'a réalisée dans sa vie et confirmée par sa mort? S'il n'a été qu'un homme comme vous, lui qui a fait ce que vous déclarez impossible, pourquoi ne sauriez vous, en l'imitant, être homme comme lui? Vous le devez, si vous le pouvez.... S'il est homme Dieu, envoyé pour nous sauver, il doit connaître l'homme, son origine et sa dégradation, ses privilèges et ses misères, son pouvoir et son devoir bien autrement que vous ne le connaissez? Et alors comment osez-vous croire à votre raison plus qu'à sa parole, écouter votre lâcheté plutôt que sa doctrine et ses promesses? Mais si son dévouement vous éblouit, si l'exemple de sa vie et de sa mort vous effraye, si vous aimez mieux convenir qu'il était animé d'une vertu et d'une force sur-humaine, que d'admettre que vous pouvez et devez l'imiter, regardez ses disciples qui se sont dévoués comme lui; regardez ces légions de martyrs qui ont souffert la mort avec joie, en témoignage de la doctrine de Jésus-Christ!.... Ne sont-ce pas là des hommes? — Mais ces dogmes si singuliers, pour ne pas dire si absurdes.?..

La morale du christianisme découle rigoureusement de ces dogmes. Si vous la trouvez belle, sublime, cette morale, vous ne pouvez refuser les principes qui en sont la base. Le sublime ne peut sortir de l'absurde, la perfection ne peut se déduire d'une chimère. — Mais les miracles... ces guérisons contre les lois de la nature?... Eh bien! les miracles étaient des délivrances subites; ils avaient pour but le soulagement des misères humaines, et Jésus n'est venu sur la terre que pour guérir! Au reste lorsque la science humaine nous aura expliqué ce que c'est que la nature, quand elle aura marqué jusqu'où doivent s'étendre ses forces et ses lois, nous pourrons juger si les faits extraordinaires que nous désignons par le nom de miracles, répugnent à l'ordre général, s'ils sortent des lois communes, ou s'ils n'en sont pas peut-être des manifestations plus éclatantes, des développemens plus énergiques.

On a prétendu qu'une société politique composée de vrais chrétiens est impossible, parce que, dit-on, le chrétien humble, charitable et détaché de la terre ne saurait ni repousser l'ennemi, ni résister à l'injustice, ni commander. C'est qu'on confond l'humilité du chrétien, qui expie ses fautes ou se dévoue pour celles de ses frères, avec la crainte devant l'iniquité, la lâcheté devant la force. Saint-Louis le plus religieux de nos rois, a prouvé qu'on pouvait être chrétien et règner avec gloire... Si le chrétien sait être roi, à plus forte raison saura-t-il être sujet; et des sujets fidèles et soumis, gouvernés par un chef vaillant et sage, ne feraient-ils pas un état heureux au dedans et respectable au dehors? Non, le christianisme ne fait point des lâches! Le maître a-t-il donné l'exemple de la lâcheté devant ses juges, devant les puissances de la terre? S'est-il exalté quand le peuple chantait Hosanna au fils de David? A-t-il défailli, quand ce même peuple criait en masse: qu'il soit crucifié!! Les apôtres ont-ils été faibles devant la persécution? Paul était-il pusillanime, quand il refusa de quitter ses fers malgré les instances des magistrats, jusqu'à ce qu'ils eussent fait réparation au citoyen romain, outragé dans sa personne? Étaient-ce des lâches, ces martyrs de tout âge, de tout sexe qui, invincibles aux séductions comme aux supplices, confessaient le nom de Jésus-Christ en face des glaives, des buchers, des bourreaux, des bêtes féroces et mouraient en s'écriant : je suis chrétien! Étaient-ce des lâches, ces guerriers de la légion fulminante, l'élite des soldats romains et la terreur des barbares, qui se préparaient au combat par la prière, et marchaient à l'ennemi en invoquant le Dieu des armées? Non, sans doute, le chrétien ne s'élevera jamais de lui-même au-dessus de ses frères, il ne leur commandera point en son nom; mais si par l'ordre de la Providence, qu'il sait très bien reconnaître, il est appelé à être juge des peuples, il les gouvernera au nom de Dieu, et son gouvernement sera juste et sage, ferme et courageux.

On reproche au chrétien son détachement! Il est vrai qu'il ne contestera point pour son intérêt propre, puisqu'il n'en doit plus avoir. Mais le désintéressement n'a-t-il pas été dans tous les temps la première condition du vrai patriotisme? Sparte et Rome voulaient que leurs citoyens se dévouassent tout entiers à elles. Le chrétien ne se dévoue qu'à Dieu. Il ne se fait pas une idole de la patrie terrestre; il la préfère à sa famille, comme il préfère sa famille à lui-même; mais il met le bien de l'humanité au-dessus du bien de sa patrie. Il ne sera exclusivement ni Spartiate ni Romain : il sera homme, et aucun homme ne lui sera étranger, ennemi ou barbare.

La morale de l'évangile ferait donc le bonheur des peuples, comme elle fait le bonheur de l'individu, si les peuples étaient réellement chrétiens. Elle seule peut *constituer* des sociétés grandes, fortes et durables, parce que seule elle unit les hommes par les liens éternels de l'ordre, du désintéressement, de la charité. Par elle ils trouveraient sur la terre l'image de la patrie céleste, de la terre vraiment paternelle que leur âme regrette et désire. Enseignant aux citoyens à se fondre dans la nation, et aux nations à se fondre dans l'humanité, elle conduirait les sociétés comme les individus à leur fin dernière, à la vraie sagesse, qui doit consommer un jour toutes les oppositions temporaires dans l'unité d'une même foi et d'un même amour.

Concluons.

La doctrine morale par excellence doit déterminer ce qui est bien ou mal pour l'homme, non seulement pour telle partie de sa personnalité, pour tel de ses modes, de ses manières d'être, pour tel temps, tel lieu, telle circonstance, mais absolument pour l'homme dans sa nature la plus intime, et pour l'humanité entière.

Or, toutes les doctrines des philosophes ne proposent à l'homme qu'un bien partiel et relatif, qui ne convient qu'à une des formes de son existence, qui ne répond qu'à un degré de son développement.

Le *sensualisme* ne satisfait que la chair et les sens.

Le *romantisme* ne contente que l'imagination.

Le *rationalisme* ne s'adresse qu'à la raison.

Le *platonisme* exalte l'intelligence et ne donne à l'homme que de la science et des idées.

Le *christianisme* seul, en apprenant aux hommes à aimer, a répondu au besoin le plus profond de leur être, au besoin de l'âme : seul il leur a révélé la loi fondamentale et éternelle de leur nature, l'amour, la charité; et il leur a montré en paroles et en œuvres que c'est de l'accomplissement de cette loi par le dévouement que résulte le *Bien* et tous les biens véritables, comme c'est de son infraction par l'égoïsme que provient le *mal* et tous les maux.

La morale chrétienne est donc la seule qui remplisse toutes les conditions de la vraie morale, et c'est avec joie que nous la proclamons supérieure à la morale des philosophes anciens et modernes.

Il nous semble avoir démontré à la raison la supériorité de la morale évangelique sur toutes les doctrines humaines; il nous semble avoir prouvé, qu'elle est la *voie* unique qui conduit à la Vérité et à la Vie. Mais nous savons que les démonstrations de la raison ne parlent qu'à la raison, et qu'elles n'ont guères de pouvoir sur le cœur. Nous savons qu'il y a loin de la spéculation à la pratique, des paroles aux œuvres, de la science à la charité. Il ne suffit pas de la conviction de l'esprit, il faut encore que l'âme soit émue, touchée: il faut que la volonté soit détournée du mal, convertie et dirigée vers le bien. Ah! puissent mes paroles porter dans l'âme de ceux qui m'écoutent quelque reflet de la lumière qui a éclairé mes ténèbres! Puissent-ils reconnaître dans ces paroles l'accent de la vérité que j'ai eu le bonheur de trouver et de goûter! Et moi aussi je me suis cru philosophe, parce que j'ai été amateur de la sagesse humaine, admirateur de vaines doctrines! J'ai cru, comme beaucoup d'autres, que la mesure de l'absolu et du possible se trouvait dans ma raison, et que ma volonté était sa loi à elle-même.... J'ai cherché la vérité en moi, dans la nature et dans les livres. J'ai frappé à la porte de toutes les écoles humaines; je me suis abandonné à tout vent de doctrine, et je n'ai trouvé que ténèbres et incertitude, vanités et contradictions. Grâce au ciel, je n'ai jamais pu pactiser avec les doctrines dégradantes du matérialisme, ni me rouler systématiquement dans la fange. Mais j'ai été idolâtre de la beauté, esclave de l'imagination, et au milieu des prestiges des arts et de l'enchantement des images, mon âme est restée vide et affamée....

Alors j'ai raisonné avec Aristote; j'ai voulu refaire mon entendement avec Bâcon; j'ai douté méthodiquement avec Descartes; j'ai essayé de déterminer avec Kant ce qu'il m'était possible et permis de connaître; et le résultat de mes raisonnemens, de mon renouvellement, de mon doute méthodique et de ma critique, a été que je ne savais rien, et que peut-être je ne pouvais rien savoir. Je me suis réfugié avec Zénon dans mon for intérieur, dans ma conscience morale, cherchant le bonheur dans l'indépendance de ma volonté; je me suis fait stoïcien. Mais ici encore je me suis trouvé sans principe, sans direction, sans but et de plus sans nourriture et sans bonheur, ne sachant que faire de ma liberté et n'osant l'exercer de peur de la perdre. Je me suis tourné vers Platon. Ses spéculations sublimes ont élevé mon esprit comme sur des ailes: j'espérais arriver par les *idées* à la contemplation de la vérité pure, de la beauté éternelle..... J'étais enflé de science et d'idées! J'ai appris à discourir magnifiquement sur le bien; mais je ne savais pas le pratiquer. Je pressentais beaucoup, je voyais peu, et je ne goûtais rien : je n'étais ni meilleur ni plus heureux pour être plus savant; et au milieu de mes rêves de vertu et de perfection, je sentais toujours dans mon sein l'hydre vivante de l'égoïsme qui se riait de mes théories et de mes efforts. Dégouté des doctrines humaines, doutant de tout, croyant à peine à ma propre raison, ne sachant que faire de moi et des autres au milieu du monde, je périssais consumé par la soif du vrai, dévoré par la faim de la justice et du bien et ne les trouvant nulle part! — Un livre m'a sauvé; mais ce n'était point un livre sorti de la main des hommes! Je l'avais long-temps dédaigné et ne le croyais bon que pour les crédules et les ignorans. J'y ai trouvé la science la plus profonde de l'homme et de la nature, la morale la plus simple et la plus sublime à la fois. J'ai lu l'évangile de Jésus-Christ avec le désir d'y trouver la vérité: et j'ai été saisi d'une vive admiration, pénétré d'une douce lumière, qui n'a pas seulement éclairé mon esprit, mais qui a porté sa chaleur et sa vie au fond de mon âme. Elle m'a comme ressuscité! Les écailles sont tombées de mes yeux..... J'ai vu l'homme tel qu'il est et tel qu'il doit être: j'ai compris son passé, son présent, son avenir; et j'ai tressailli de joie en retrouvant ce que la religion m'avait enseigné dès l'enfance, en sentant renaître dans mon cœur la foi, l'espérance et la charité.

C'est ainsi que la vertu et la vérité du christianisme m'ont été démontrées; c'est ainsi que j'ai acquis la conviction que sa morale est aussi supérieure à toutes les morales humaines, que ses dogmes sont au-dessus des opinions des hommes. Il m'est doux de professer ici ma foi, d'exprimer hautement ce que je sens si vivement dans mon âme; et je rends grâce à la société savante de la Marne de m'en avoir donné l'occasion.

www.ingramcontent.com/pod-product-compliance
Lightning Source LLC
LaVergne TN
LVHW020958090426
835512LV00009B/1945